D. Paulus Cassell

Vom neuen Aristoteles und seiner Tendenz

D. Paulus Cassell

Vom neuen Aristoteles und seiner Tendenz

ISBN/EAN: 9783742865601

Hergestellt in Europa, USA, Kanada, Australien, Japan

Cover: Foto ©ninafisch / pixelio.de

Manufactured and distributed by brebook publishing software
(www.brebook.com)

D. Paulus Cassell

Vom neuen Aristoteles und seiner Tendenz

VOM
NEUEN ARISTOTELES
UND
SEINER TENDENZ.

BEMERKUNGEN

VON

D. PAULUS CASSEL.

HERRN DIRECTOR D⁼ RUDOLF FOSS

herzlich zugeeignet.

VORWORT.

Fünfzig Jahre sind es beinahe, dass wir uns zuerst in der Schule Leopold Ranke's gefunden haben. Ich denke, wir haben uns nie verloren.

Immer fanden sich wieder Berührungspunkte. Treue Gesinnung haben Sie auch in Schwankungen der Zeit bewahrt und offenbart.

Ich habe es zwar nicht, wie Sie, auch zum Major gebracht — aber ein Kriegsmann bin ich auch gewesen und von der Fahne der Arbeit, Wahrheit und Liebe bin ich nicht gewichen.

Wundern Sie sich nicht über die folgenden Blätter. Am 7. April begegneten wir uns auf dem Potsdamer Bahnhof. Sie, mit gelehrten Genossen, fuhren zum Griechischen Kränzchen nach Lichterfelde — ich nach Friedenau. Von dem eben erschienenen neuen Funde, der „Staatsverfassung der

Athener" von Aristoteles, sprachen wir. Er gab mir die Gelegenheit, Nachfolgendes zu schreiben. Nehmen Sie es freundlich an. Je mehr ich in meinem Tuskulum abgeschlossen lebe, fliegt nur das Wort wie ein Brief in die Welt der Freunde hinaus. Solche geistige Conversation aus Literatur und Geschichte ist meine Freude. Man kann ohne Wissenschaft doch nicht leben. Auf den Hügeln wohnt die Freiheit, wenn man sich Strassen von Zion nach der Akropolis und dem Capitole baut. Auf ihnen wandle ich gern hin und her; von da sende ich Ihnen eine Botschaft, wie einen Brief, auf dem der Ort im Bilde erscheint, an dem man sich grade aufhält.

Der Brief sollte früher an seine Adresse gelangen — aber sonderliche Sorgen kamen mir in das Haus. An meiner Kirche vergriffen sich undeutsche Hände. Es war auch andere Literatur zu beobachten. So kommt das Brieflein kürzer und später an. Zu Pfingsten sollte es erscheinen. Johannistag ist herbeigekommen.

Anderes soll noch folgen; ich bin schon wieder reisefertig.

Hochverehrter Freund! Fünfzig Jahre sind vergangen, seitdem wir unser Kränzchen hatten. Zeiten und Interessen sind andere geworden. Die

Leidenschaften, sagt man, sind auch in Wissenschaft und Politik heisser eingebrochen — aber in Einem wollen wir ausharren bis an's Ende: dass nur der Buchstabe tödtet — aber der Geist immer lebendig macht.

Friedenau, 24. Juni 1891.

D. Paulus Cassel.

I.

Aristoteles steht unter den grossen Autoren der Griechen der modernen Zeit am nächsten. Er ist der Meister einer neuen Wissenschaft, die wir besser verstehen, als die Zeitgenossen. Er steht Platon gegenüber, wie das gräcisirte Genie dem eingebornen athenischen Ideal. Platon setzte die erhabene hellenische Poesie philosophisch fort — Aristoteles steht ausser ihrer Linie, als Lehrer einer nüchternen Wissenschaft. Es ist der Gegensatz des Stagiriten gegen den Athener nicht zu verkennen; Aristoteles hat nur in Athen gelebt — Plato ist in seinem Geist geboren. Jener hatte in seiner Heimath keine Anregung, aber auch keine Tradition. Er ist ein Schüler, aber kein Bürger von Pallas Athene. Viele andere Philosophen sind ausserhalb Athens geboren und bei allen zeigt sich davon ein Schimmer in ihrer Lehre, bei keinem mehr als in der Wissenschaft des Stagiriten, weil er ein Makedonier war. Man erzählt, Plato habe von Aristoteles gesagt, er gliche einem Füllen [1] ($πῶλος$), das

---

[1] Aelian. 4. 9. Solche Beinamen waren nicht selten; Epikur war darin sehr freigebig auch gegen Plat. u. Aristoteles (Diogen, Laert. X. 4.) desgl. Diogenes von Sinope (VI. 4).

gegen seine Mutter ausschlüge. Das gilt vor Allem von Makedonien selbst, in seiner Stellung zu Athen und zu den Griechen.

Die Erhebung Makedoniens ist ein wunderbares weltgeschichtliches Ereigniss. Ein tapferes, aber barbarisch kleines Volk wurde eine Culturmacht, deren Eroberung noch bis in die heutige Erkenntniss ihre Kreise zieht.

Ich halte die Makedonier zumal für ein germanisch Volk: Ihre Verfassung glich denen der deutschen Stämme. Die Flussnamen des Landes, [2]) welche gemeinhin die ältesten Spuren nationaler Sprache tragen, lassen sich alle aus deutschen Analogien erklären. Die Makedonier kamen unter hellenischen Einfluss, wie die Germanen unter Römische und Christliche Bildung.

Wie die Germanen Europa eroberten, um Christenthum und Cultur zu empfangen, so gewannen die Makedonier das ganze Vorderasien durch und für hellenische Bildung. Sie führten aus, wozu die Griechen noch nicht Zeit und Sammlung gehabt haben. Schon Cimon [3]) wollte das Persische Reich erobern. Alexander hat sein grossartig Werk weniger für sich und sein Volk als für die Cultur vollendet. Er zog in der That wie Bacchus Dionysus einher bis Indien, aber sein

---

[2]) So Strymon von Strom, strömen, wovon auch der Ister, was nicht von Fett zu erklären ist, ebenso ist Lydius mit dem deutschen Flussnamen der Leite, Axius mit Asch, Nestus oder Nessus mit der Neisse, Nissa, Nesse zu vergleichen. Forbiger (Alt. Geogr. 8. 722) vermuthet, dass Ludius derselbe sei mit dem Eordaikos. Es ist wohl ein Eodraikas zu lesen, was mit dem Namen Oder gleiche Bedeutung hat. (Vgl. meine Magyar. Alterth. p. 140.)

[3]) Plutarch Cimon. 18. „Sein Plan ging auf nichts Geringeres als auf die Auflösung der ganzen Herrschaft des Königs (der Perser)."

Glück und Genie siegte mehr, wie durch seine Strategie, zumal durch sein Königthum. Es war ein Triumph der Monarchie, in welchem er bis an den Indus kam. Das ist der grosse Gegensatz, in welchem das barbarisch-hellenische Makedonien dem Athenischen Staat und Volk gegenübertrat. Athen war die Ehre und Blüthe des hellenisches Geistes; es war das Hellas von Hellas, wie Thukydides sagte, oder die Schule von Hellas, wie er Perikles sagen lässt,[4] der Herd und das Prytaneum Griechenlands[5] nach Aussagen des Pythischen Apoll, das Museum desselben, wie Athenäo mittheilt;[6] es hiess das Heilige,[7] wie Jerusalem auch. Seine Grösse wuchs im Schatten seiner Ehrfurcht vor den Göttern. Pausanias hat eine merkwürdige Stelle: Die Athener, sagt er, haben auf dem Markte, was nicht allgemein bekannt ist, auch einen Altar des Mitleidens, und die Athener verehren allein unter den Griechen diese Gottheit, weil sie unter den Gottheiten vorzüglich für das Menschenleben und den Wechsel der Dinge nützlich ist. Aber nicht nur in den zur Menschenliebe gehörigen Dingen haben sie Weihen angeordnet, sondern sie sind auch gegen die Götter mehr als Andere ehrfürchtig. Denn man findet bei ihnen einen Altar der Aidos (die Scham), der Pheme (des Rufs) und der Horme (die Thätigkeit). Denn es ist offenbar, dass um so mehr einer sich vor Andern der Frömmigkeit be-

---

[4] Thukydides 2. 41. Die herrliche Rede, welche er dem Ruhme Athens hielt, ist immer noch werth gelesen zu werden, denn sie ist nicht blos patriotisch sondern wahr.
[5] Aelian hist. An. 4. 6.
[6] Lib. 5. p. 187 ed. Schweighäuser 2. 224.
[7] Vgl. Plutarch Themistokles 21. im Liede des Timokreon. Pindar Fragm. 45. Sophocl. Electra 1222.

fleissigt, man auch eines guten Glücks in gleichem Masse theilhaftig wird".

Bis in das vierte Jahrhundert n. Chr. war das Lob[8] Athens in aller Mund. Es bildete den beliebten Gegenstand für alle Redekünste.[9] Dieses Lob hatte seit Ausbreitung des Christenthums eine tendentiöse Seite. Man sah in ihm die heilige Stadt des Heidenthums (Hellenes hiessen die Heiden). Marc Aurel,[10] der Kaiser liess sich dort initiiren. Die Römer hatten ihm die Freiheit genommen, mit allem politischen Einfluss, aber sie liessen der Stadt ihr literarisches und religiöses Gepräge. Daher hielt ihm Julian, der vom Christenthum abtrünnige Kaiser eine Lobrede.[11]

Aehnlich stellte es sich in älterer Zeiten gegen Makedonien und seine Könige dar.

In Athen herrschten nicht blos geniale, sondern auch grossmüthige und edle Gesinnungen. Cimon's Freigebigkeit, sagt Plutarch,[12] übertraf selbst die Gastfreiheit und Menschenfreundlichkeit der Athener. Denn diese haben, worauf die Stadt mit Recht so stolz ist, den Samen des Getreides den Griechen mitgetheilt und den Menschen die Kunst Quellwasser zu benutzen und Feuer anzuzünden gelehrt. Athen galt so als die Heimath der Cultur.

---

[8] cf. Kruse Hellas 2. 70. Cecropisch wurde der Beiname für alles Edle und Geistreiche. Man sprach vom Cecropischen Thau (Martial 7. cp. 68) Honig, Weihrauch und Salz: cf. Burmann Anthol. III. 2. 1. p. 455.

[9] cf. Dicaearch in den Geograph. minores ed. Gail 2. 119. Philostrat. vit. Sophist. ed. Olearius p. 535, 558, 572.

[10] Philostrat. 1. 1. p. 588.

[11] Opp. ed Spanheim p. 268.

[12] Plutarch. Cimon cap. 10.

Sie verloren grossartige Gesinnungen weder im Parteikampf noch Unglück.

Plutarch sagt aus der Zeit Cimon's: „Man blieb damals (in Athen) auch bei Parteikämpfen der Bürgerpflicht eingedenk — so gemässigt war man im Zorn, so bereit zur Versöhnung, wenn das Gemeinebeste es verlangte, so willig bequemte sich der Ehrgeiz, die stärkste aller Leidenschaften, nach den Umständen des Vaterlandes."

Alexander der Grosse hatte von der Stadt die Auslieferung der Redner und Staatsmänner verlangt, die seine Gegner waren. Sie thaten es nicht, und schickten eine Gesandschaft, ihn zu bitten, davon abzustehen. Er folgte ihnen, wie Arrian sagt, vielleicht aus Achtung vor der Stadt.[13])

Ein anderes Mal bitten sie ihn um Zurückgabe griechischer Gefangenen und er that es.[14])

Sie widerstehen muthvoll einem Befehl des Königs aus Indien her, sich mit gemeinen Leuten zu beflecken und waren dabei, wie Curtius sagt, die Retter (vindices) nicht blos ihrer eigenen, sondern der öffentlichen Freiheit überhaupt.[15])

Besonders trat aber der Gegensatz Athens gegen die werdende Grösse Philipp's von Makedonien heraus.

Die Athener, sagt Diodor (16. 54) mit Recht, sahen

---

[13]) Arrian. Exp. Alex. 1. 10. cf. Diodor 17. 15.
[14]) Curtius IV. 5. 12, ed. Mützell p. 282.
[15]) Curtius X. 2. 1. ed Mützell p. 896. Alexander ehrte Pallas Athene als Siegesgöttin. In Soli bringt er dem Aeskulap u. der Athene ein Opfer. (Curtius 3. 17. 3.) Arrian 2. 10 erzählt hier nur von Aeskulap aber in Magarsus von Athene. Anderswo errichtet er der Athene und Victoria Altäre (Curtius III. 12. 27.) das that er auch sonst (Curt. III. 12. 27). Er lässt durch Aristander opfern dem Zeus, der Athene und Victoria.

mit Misstrauen auf das Wachsthum des Königs; sie halfen seinen Gegnern; sie schickten Abgeordnete in die Städte und forderten sie auf, ihre Unabhängigkeit zu behaupten und ihre auf Verrath sinnenden Mitbürger mit dem Tode zu bestrafen. Philipp wusste auch, was er für Gegner an ihnen hatte. Als er über die Gefangenen nach der Schlacht von Chäronea gespottet, sprach der Athener Demades zu ihm: „Das Schicksal hat Dir Agamemnon's Rolle zugewiesen und Du schämst Dich nicht des Thersites Rolle zu spielen!" Philipp fühlte sich in der That getroffen und schätzte den Freimuth des Atheners so hoch, dass er Gesandte nach Athen schickte, mit ihnen Freundschaft zu schliessen. (Diodor. 16. cap. 84. 86.)

Das war es ja, sagte Demosthenes in seiner dritten Philippischen Rede, was Athen gross gemacht hat in den Persischen Kriegen, dessen Mangel alles nun verdorben hat. Es war nichts Künstliches, nichts Schlaues, sondern der Umstand, dass Jedermann diejenigen hasste, die von solchem Geld annahmen, welche zu jeder Zeit herrschen oder zu verderben strebten etc. (n. 120.)

In älterer Zeit hatten einzelne makedonische Könige freundliche Beziehungen mit Athen angeknüpft; Cimon,[16] als er die Thasier besiegte, hätte leicht ein Stück Makedoniens erobern könen, aber als er es nicht that, wurde er in Athen verklagt, als wäre er vom König des Landes mit Geld bestochen worden; nichts destominder kann man es dem Demosthenes nicht verdenken, wenn er in der dritten olynthischen Rede von dem Gehorsam der makedonischen

---

[16] Plutarch. Cimon. cap. 10.

Könige gegen Athen erzählt und „dass ein Barbar den Hellenen gehorchen solle." Am stärksten aber drückt er sich in der dritten Philippischen Rede aus: „Nicht so denken die Hellenen über Philipp und seine jetzigen Handlungen, da er doch nicht blos kein Hellene oder den Hellenen irgend wie verwandter Mann, auch nicht einmal ein Hellene von guter Abstammung, sondern ein verachteter Makedonier ist, aus dessen Lande man ehemals nicht einmal tüchtige Sklaven beziehen konnte."

Gewiss war dies der hervortretende Gegensatz. Ein Barbarenstaat konnte Makedonien heissen dem Staate der damaligen höchsten Cultur gegenüber. Es war derselbe Eindruck, der in dem Krieg und Sieg Philipp's gegen Athen sichtbar ward, wie im Kampfe Chlodwig's gegen die gebildeten Romanen in Gallien. — Die deutsche Sage stellt poetisch dar, wie die wilden Recken Dietrich's den Rosengarten Italiens stürmen! Der starke und kluge Barbar bezwang die Völker der Cultur, um diese selbst zu gewinnen und zu geniessen.

Die wahre Zuspitzung des Gegensatzes im Streit zwischen Philipp von Makedonien und Athen — fand sich in der conträren Verfassung.

Makedonien war ein Königreich — Athen eine demokratische Republik. Demosthenes sprach in der zweiten Philippischen Rede: „Wonach trachtet ihr denn? Nach Freiheit! Seht ihr denn nicht, dass Philipp Beinamen führt, welche mit dieser im stärksten Widerspruch stehen? Denn jeder König und Alleinherrscher ist der Freiheit fremd und den Gesetzen entgegen." [17] So sprach der republikanische

---

[17] Zweite Philippische Rede n. 71.

Redner und liess dadurch die eigenthümliche Stellung erkennen, welche der Athener dem Makedonischen Staat gegenüber einnahm. Es war eine andere, wie Persien gegenüber. Im Kampfe gegen Persien erstarkte die Republik — aber Philipp war ein gräcisirter König, kein Tyrann, wie Pisistratus; er war ein erblicher Monarch, wie die Urkönige Athens. In der Schlacht bei Chäronea siegte die monarchische Einheit. Das Reich Alexander des Grossen erhob sich auf den Fundamenten der Monarchie. Sie war sein Princip und aus ihr entwickelte sich seine Geschichte. In ihrem Schatten war die Schrift des Aristoteles über die Athenische Staatsverfassung geschrieben.

II.

Die Entdeckung der Handschrift, welche die Staatsverfassung der Athener von Aristoteles enthielt, und ihre fleissige und gelehrte Ausgabe hat nicht mit Unrecht die Theilnahme aller Hellenisten erweckt. [18])

Die Abhandlung, die man für verloren glaubte, ist reicher, als die bisher gesammelten Fragmente ahnen liessen. Sie hat allerlei Eigenthümlichkeiten, die grade ihre Echtheit verbürgen. Das „Ich" des Verfassers und seine „Gegenwart" tritt so hervor, dass an einen Andern als den grossen

---

[18]) Der griechische Text ist in London (Printed by the order of the trustees of the british Museum) 1891 erschienen, herausgegeben von F. G. Kenyon. Eine geistreiche aber bei Weitem zu freie Uebersetzung erschien von Georg Kaibel und Adolf Kiessling. Strassburg 1891.

philosophischen Lehrer nicht gedacht werden kann. Es ist nicht alles besonderes Neues und etwa völlig unbekannt was darin sich offenbart. Die alten Gelehrten haben Gelegenheit genug gehabt, das Buch zu benutzen. Es ist ja das vielbeschriebene Athen das Objekt des Ganzen. Worauf aber weniger geachtet worden ist, das stellt sich in der Methode dar, in welcher die Nachrichten der Schrift erscheinen. Die Feinheit der Tendenz macht die Schrift ungemein interessant. Sie ist keine Erzählung, sondern eine Lehrschrift. Man findet vieles nicht, was man erwartet. Es werden Namen nicht genannt, die wir gewohnt sind, aus Athens Geschichte und Staat zu hören; grosse Männer sind scheinbar nicht in die rechte Bedeutung gestellt. Dieser Umstand allein kann beweisen, dass nur Aristoteles sie verfasst haben kann. Kein Anderer würde so aus der Tradition der Berichte und Urtheile hinausgetreten sein.

Ueberall im Gegebenen, wie im Verschwiegenen ist Tendenz eines gelehrten und klugen Staatsrechtslehrers. Er erhöht und verringert die Bedeutung von Personen und Dingen nach selbstständigen Urtheilen. Er hat eben einen anderen Massstab. Er schreibt nicht wie ein Athener. Es ist darin kein Raum, um den politischen Standpunkt des Athenischen Staats zu preisen und zu erheben.

Es ist kein Demokrat, der darstellt. Es ist ein Mann, der nicht in Athen, sondern im monarchischen Makedonien seine Heimath hat. Er schreibt, um die Augen von dem Blendwerk athenischen Glanzes zu einer nüchternen Beurtheilung ihrer Geschicke abzuziehen. Es ist eben ein Lehrbuch für den königlichen Prinzen Alexander, welchem offenbart werden soll, dass in der Republik kein Heil ist, dass Tyrannis und Oligarchie nur verschiedene Formen der Demokratie sind, welche den Staat, — und der wahre Gegensatz war eben Athen — zu Grunde richten. Die Monarchie allein, das liegt im Hintergrund, hat, wenn der Monarch seine Schuldigkeit thut, Dauer, Erfolge und Macht. Aristoteles war ein Stagirit mit Bewusstsein. Er war ein scharfer Gegner der demokratischen Verfassung. Sein Ideal war die alte, erbliche, patriarchalische gewissenhafte königliche Verfassung. Wenn er in Preussen gelebt hätte, konnte er nicht anders, wie am Hofe Philipp's und Alexander's schreiben.

Diese Gesinnung war es, welche gewiss Philipp veranlasste, den Aristoteles zum Lehrer nicht blos eines Knaben, sondern des Thronerben zu machen. Staatsrechtliche Ideen wurden auch am Hofe von Pella erwogen. Aristoteles war Mann und Philosoph genug, — auch bei Königen zu lehren — nicht bei Tyrannen. Es war kein Dionysius, zu dem er berufen war, sondern zu einem erblichen, angestammten König, wie Agamemnon. Wenn man von ihm erzählt, er habe etwas mehr auf sein Aeusseres gegeben, als bei den Philosophen sonst der Fall war, die nicht viel auf ihre Toilette geben, so hat das darauf Bezug.[19] Ihn ekelte das Erscheinen Kleons im Schurzfell auf der Bühne an. Das neu publicirte Buch ist eine fein und präcis gegebene Warnung vor der Republik — in welcher Gestalt auch immer. Aus dieser Tendenz ist es geschaffen — aus ihr werden allein seine scheinbare Ungleichheit, Differenzen und Lücken verstanden.

---

[19] Aelian Var. Hist. 3. 19. cf. Diog. Laertius V. 2.

III.

Die Abhandlung läuft in die Darstellung der Verfassung Athens aus, wie sie in den Zeiten des Autors war. Das Vorhergehende ist gewissermassen eine Einleitung, in welcher bewiesen ist, dass der demokratische Zustand schon im Anfang vorbereitet war. Die Handschrift ist am Anfang verstümmelt — aber wie aus cap. 40 hervorgeht, wo er die eilf Verfassungen Athens noch einmal recapitulirt, hatte er von Jon und seinen vier Stämmen und von Theseus vorher gesprochen. Es fehlen grade die Darstellungen des monarchischen Lebens Athens. Die Solonische Gesetzgebung ist die erste, welche in der Abhandlung unverletzt zu lesen ist. Seine Tendenz kann nicht deutlicher als in ihrer Beurtheilung hervortreten: „Die dritte Veränderung war die unter Solon, von welcher der Anfang der Demokratie geschah."

So bestimmt spricht er dies in der Politik nicht aus (II. 9. (XII.). Es heisst da: „Grade deswegen tadeln ihn welche; denn dadurch, dass er Alle zu dem Richteramt, das durch das Loos vergeben wird, zuliess, hat er das, was aristokratisch in der Form gewesen ist, aufgehoben. Dann, da er dem Volk ein solches Gewicht gegeben hatte, war es gekommen, dass, da Viele nachher dem Volk ebenso zu gefallen gesucht hatten, wie man in andern Staaten die Tyrannen zu gewinnen sucht, die ehemalige Constitution sich ganz zur Demokratie gestaltet habe." In unsrer Abhandlung sagt er im cap. 9 selbst: „dass man darin, nämlich in dem Volksgericht, die Ursache fand, dass das Volk die Herrschaft empfangen habe." Es ist auffallend, dass er von Solon hier nicht berichtet, er sei einer der sieben Weisen gewesen. Er nennt ihn auch nicht weise (σοφός). Man hätte ihn gewählt, weil er durch Beredsamkeit und Ansehen hervorragend gewesen sei (ῥήσει καὶ δόξᾳ). Er nennt ihn massvoll und gemeinnützig (μέτριος καὶ κοινός). So nützlich die Schulderlassung gewesen sei, so hätte auch dies Gesetz ihn nicht vor Verdächtigung gewahrt; die Resultate seiner Ordnungen wären höchstens im demokratischen Sinne folgenreich gewesen. Unzufriedenheit folgte von allen Parteien. Nicht hundert Jahre habe sie gedauert, sondern nur vier Jahre wäre Frieden gewesen. Gegen die Reichen hatte er sich scharf geäussert, aber er selbst sei vom Mittelstand und nicht reich gewesen. Das Letztere betonte er auch in der Politik. Dagegen sagt Plutarch, dass er zwar nach seinem Vermögen und Ansehen nur zur Mittelklasse der Bürger gehört habe, aber doch aus einer der vornehmsten Familien, dem Hause des Königs Kodras, gestammt habe. Bei allem Ehrenvollen, was er von ihm sagt, entkleidet er Solon der Autorität der Weisheit. Er scheint zu verschweigen und doch anzudeuten, was von dem Auftreten Solon's überhaupt, auch jetzt noch, zu beobachten ist.

Zwischen den Einwohnern von Megara und Athen war ein langwieriger Krieg um die Insel Salamis. Die Athener hatten zuletzt bei Todesstrafe verboten, in öffentlicher Versammlung davon zu reden. Solon stellte sich irre und sang ein Lied, das zu neuem Kriege herausforderte.

Solon erreichte seinen Zweck; unter seiner Leitung wurde die Insel gewonnen. Pausanias (I. 28) beschreibt nun in Athen eine eherne Statue des Kylon und frägt mit Erstaunen, aus was für einem Grund diesem eine Statue gemacht sei, der doch nach der Tyrannis getrachtet habe. Aber er hatte als Olympiasieger die Bildsäule erhalten und es war im Geiste der Athener ihm diese Ehre nicht zu nehmen, auch wenn er später ein Empörer wurde. Dieser Kylon war der Schwiegersohn des Tyrannen von Megara. Eben aus dem Gegensatz von Megara zu Athen versteht man den Versuch des Kylon, eines schönen, angesehenen Mannes, sich mit Kriegern aus Megara Athens zu bemächtigen, was denn auch für den Frieden mit Megara nützlich gewesen wäre. Der Versuch misslang. Thucydides erzählt Umstände, die man aus der symbolischen Sprache nur übersetzen muss. Das Orakel von Delphi hätte dem Kylon geweissagt, er solle am höchsten Feste des Zeus Athen besetzen; er glaubte das Olympische Fest darunter verstehen zu müssen, er war ja auch ein Olympiasieger — aber das Orakel hatte das Fest Diasia in Athen gemeint, welches das grosse Fest des Zeus Meilichios heisst. Meilichios ist der Gott der Versöhnung, ein besonders Athen eigener Zeus.[20]) Kylon, wie die Lehre ist, hätte nicht ein Herr werden sollen durch Gewalt und Krieg, sondern durch Versöhnung der Städte (Megara und Athen) und der Parteien. Statt der Versöhnung entstand eine Erbitterung. Kylon wurde in der Burg belagert und ausgehungert. Er zwar rettete sich, aber die Anderen mussten sich dem Tode nah als Schutzflehende an den Altar der Athene niederlassen. Die Naukrarier oder Archonten liessen sie leben und gaben ihnen einen Schutzfaden in

---

[20]) Plutarch (de cohib. ira ed. Wyttenbach 4. 869) sagt: „Deshalb nennen die Athener den König der Götter Meilichios obschon als Kriegsgott Maimaktes und sein rächendes Wesen als erinnysch und dämonisch, weder göttlich noch olympisch."

die Hand, der bis zum Heiligthum der Erinnyen leitete. Da riss der Faden und die erbitterten Gegner — die Alkmäoniden — erschlugen selbst an dem Altar der Erinnyen. Die Mörder werden Gräuelbeladen genannt. Die Anklage gegen die Mörder hatte Myron erhoben. Mit dieser Nachricht beginnt die Handschrift der Abhandlung, welche gefunden wurde, aber Aristoteles statuirte keinen Zusammenhang der Geschichte Kylon's mit Solon's Gesetzgebung, obschon dieser ganz klar ist und ohne ihn eigentlich gar kein Grund zu ihrer Erzählung da war. Wegen des Gräuels war in Athen „abergläubische" Furcht entstanden, Gespenster[21]) erschienen, man fand in den Eingeweiden der Thiere Zeichen grosser Sünden und sühneverlangende Verbrechen.[22]) Zu ihrer Sühnung rief man den geheimnissvollen Weisen, den Liebling der Götter, einen Wundermann, den Epimenides von Kreta. Aristoteles erwähnt die Sühnung in Kürze zwar, aber ohne eine Verbindung mit Solon anzudeuten und doch wäre Solon ohne ihn vielleicht kein Gesetzgeber geworden. Man wurde kein Gesetzgeber ohne irgend eine heilige Autorität. Auch Lykurg und Numa wurden durch solche bestätigt. Woher sollte sonst Solon als Bürger die Autorität nehmen, unbestrittene Gesetze zu

---

[21]) Der Aberglauben der Griechen und auch der Athener war noch später sehr gross. Dem Cimon weissagt ein Hund: Ameisen bringen ihm das Blut des Opferthieres. (Plut. Cim. cap. 18.) Den Pausanias verfolgt das Gespenst der Kleonike, die er getödtet (cap. 6). Als Damon in Chäronea im Schwitzbad erschlagen war, erschienen daselbst Gespenster, man hörte klägliches Stöhnen; man vermauerte die Thore des Bades, aber sagt Plutarch, die Nachbarn behaupten, dass man an jenem Tage Gespenster sah und Stöhnen vernahm.

[22]) Plutarch: Solon cap. 12.

geben und auch gegen die Unzufriedenheit der Parteien zu behaupten. Epimenides war sein Prophet. So bahnte, wie Plutarch erzählt, ein ähnlicher Weiser aus Creta, Thales (natürlich nicht der Philosoph), dem Lykurg den Weg in Sparta, „wo er als lyrischer Dichter auftrat, aber unter dem Schein dieser Kunst nicht weniger als die grössten Gesetzgeber leistete."[23]) So trat auch Epimenides, dem man in Athen göttliche Autorität zuschrieb, für Solon ein, „bahnte ihm den Weg" und wusste die Athener geneigt zu machen, neue Pflichten zu übernehmen.

Es wäre sonderlich erschienen, wenn die Athener Solon blos darum als Gesetzgeber gesucht hätten, weil er ein Gedicht gemacht hatte, wie dies Aristoteles cap. 5 andeutet, aber wie Thales als Prophet durch Gesang die Gesetzgebung in Sparta einweiht, so galt dies auch von der Poesie des Solon. Es war mantische Weissagung, wie dies auch von dem Gedicht über den Krieg gegen Salamis zu verstehen ist, wo er nicht sowohl als Irrer, sondern als in Verzückung Weissagender (μάντις von μαίνομαι) auftrat, was auch vom Propheten in Israel galt.

Man begreift daher auch, dass Aristoteles zweimal berichtet, dass Solon sich hätte zum Tyrannen machen können; woher sollte er die Macht nehmen, da er den beiden Hauptparteien widerstand, wenn nicht durch die religiöse Autorität, die ihn wie ein Nimbus umgab. Er liess die Gesetze auf Holzstäbe oder Tafeln schreiben; ihr Name Kyrbeis [24]) ist dem Einkerben in das Holz entlehnt und bedeutet

---

[23]) Plutarch: Lykurg cap. 4.
[24]) Vgl. Ags. ceorfan, cyrf ahd. Kerban.

gewissermassen Kerbholz; man wird dabei an die steinernen Tafeln erinnert, in welche Moses sein Gesetz eingrub. Aristoteles war dem religiösen Sinn der Athener gegenüber sehr nüchtern. Die Götter seien im Himmel, sagte er einmal, und mischten sich nicht in die bürgerliche Klugheit.²⁵) Er mochte den Zusammenhang gekannt haben — aber er erwähnte ihn nicht. Die Lücken in seiner Erzählung deckte er absichtlich nicht zu. Er sieht in Solon, dem Republikaner, keine Autorität gesetzgeberischer Weisheit. Was half sie, so lehrt er —; sie hebe Unzufriedenheit und Bürgerstreit nicht auf; Demokratie war ihre Folge. Sein eigener Freund war der Tyrann Pisistratus, der ihm nachfolgte.

IV.

Von diesem giebt Aristoteles eine genauere Schilderung, wie von irgend einer anderen Persönlichkeit seines Buches. Man kann dies deutlich verstehen. Er zeigt die nahe Verwandtschaft der Tyrannis mit der Demokratie. Was der Philosoph von Solon zweimal erwähnt, er hätte sich auf eine Partei gestützt, zum Tyrannen machen können, das führte Pisistratus aus. Die Tyrannis sei ohnedies nur eine einköpfige Demokratie, wie Napoleon nur die einköpfige Revolution war. Niemand war populärer als Pisistratus, durch Klugheit und Tapferkeit. Kylon fiel, weil er mit dem Staatsfeind Megara verbunden war. Pisistratus hatte gegen Megara siegreich gekämpft.

---

²⁵) Vgl. etwa die „grosse Ethik" 1. 1.

Aristoteles zeigt ferner, dass der Tyrann sich nicht halten könne, wenn er sich auf das Volk allein stützen will — als er das that, wurde er vertrieben; er brauchte fremde Hilfe und gewaltsame Söldner. Nur ein erblicher König kann sich auf sein Volk verlassen, so lehrt er seinen Schüler — aber er muss regieren, wie Pisistratus, nach den Gesetzen, ohne Willkür, voll Freundlichkeit und Humanität. Von seiner Regierung sagt man später, dass man unter ihr wie in Kronos Zeit, das ist: wie im Paradiese gelebt habe.[26]

Aristoteles schildert an ihm das Bild des Königs, der leider auf tyrannische Weise zur Regierung gekommen war. Er übergeht nicht die Geschichte von dem Bauer, der, als Pisistratus ihn schwer arbeiten sah, und unerkannt gefragt hatte, was denn auf dem Felde gedeihe, die traurige Antwort gab: Arbeit und Mühsal kommen hervor und davon muss Pisistratus den Zehnten haben, worauf ihn Pisistratus von seinen Lasten befreite; es ist das eine echte Königsgeschichte, wie die von dem Landgrafen von Thüringen, der durch den Ruf des Schmiedes: „Landgraf, werde hart", auf seine Pflicht aufmerksam wurde. Er will an ihm die Wohlthat zeigen, die in der Macht liegt, und den Frieden, der in der einheitlichen Regierung entsteht. Das Volk lebte glücklicher und friedlicher unter Pisistratus, wie unter Solon. Dieser wollte es erhoben haben — und Pisistratus nahm es, wie es war. Bei Plutarch sagte Solon zu dem

---

[26] Was auch in Plato's Hipparch p. 229, ed. Stallbaum p. 313 „ἐπὶ χρόνου βασιλεύοντος" vorkommt. Cauer ist dies entgangen.

Pisistratus: „Du spielst die Rolle des Ulysses — aber er verwundete sich, um die Feinde zu betrügen, Du aber thatst es, um Deine Mitbürger zu täuschen." Er wies damit auf die List des Pisistratus hin, welche auch Aristoteles erzählt, dass er sich selbst verwundet habe, und dann dem Volke sich mit seinen Wunden mit dem Vorwand zeigte, als hätte er dies durch des Volkes Feinde erlitten, weil er sein Führer und Vertheidiger war. Es war diese That des Pisistratus eigentlich weniger Täuschung als Theaterspiel; in dramatischer Form stellte er dem Volk die Nothwendigkeit dar, ihre Führer vor den Feinden sich schützen zu lassen. Es war in der Zeit, sagt Plutarch[27]), dass Thespis anfing, der Tragödie eine erneuerte Gestalt zu geben. In der That waren Helden und Staatsmänner die Vorgänger der tragödischen Dichter auch in Athen gewesen. Mit der ersten Vorstellung kam Pisistratus zum ersten Mal zur Herrschaft. Als er zum zweiten Mal wiederkam, wurde in Verbindung mit seinen ehemaligen Verbündeten ein zweites Drama aufgeführt. Im festlichen Zuge stand auf einem Wagen ein stattliches, schönes Weib, als Athene gekleidet und gerüstet; Pisistratus stand bei ihr und Herolde riefen aus: „Ihr Athener, empfanget mit guter Gesinnung den Pisistratus, den die Göttin von Athen selbst unter den Menschen am höchsten ehrt und in die Burg wieder einführt." Aristoteles verschmäht nicht die verschiedenen Meinungen über die Heimath der Person, welche die Rolle der Athene spielte, anzufechten. Herodot lässt sie aus der Gemeinde der Päonier stammen, andere erzählen, sie sei

---

[27]) Plut. Solon cap. 29.

eine Thracische Kranzverkäuferin gewesen;[28] Herodot nennt es die einfältigste Geschichte, die man denken könne, „während doch schon vorlängst der hellenische Stamm vom Barbarischen als geschickter und weiter entfernt von thörichter Einfalt unterschieden worden." Daher verwundert er sich, dass dies „bei den Athenern geschah, welche an Klugheit die Ersten unter den Hellenen heissen." Aber Herodot verstand die Sache nicht recht. Die Athener wussten ganz gut, dass das Weib nur ein Bild Athenes war, so gut wie sonst ein ehernes oder marmornes, aber sie ehrten ja die Bilder der Götter. So wie das Weib angezogen war, so hatten sie ja die Göttin im Bewusstsein.[29] So ehrten sie sie auch auf dem Theater, wo gewissermasssen religiöse Schauspiele vorgingen. Athene hatte ja bestimmte Helden auch im homerischen Gedichte lieb, so zumal den Odysseus mit dem auch Solon den Pisistratus verglich.

Athene erschien auch zumeist als volksfreundliche Göttin. während Zeus mehr den Tyrannen und Oligarchen hold zu sein schien. Der Einzug sollte dramatisch vorstellen, dass die Einsetzung des Pisistratus das Wohl von Athen sei. Ebenso wenig haben die Pariser am 10. November 1792 geglaubt, dass bei dem Cultus der Gottlosigkeit das schöne Weib.

---

[28] Cauer wundert sich, dass Aristoteles daran gelegen haben kann, dies Datum zu erwähnen; er that das absichtlich; war es nicht sonderbar genug, dass ein gemeines fremdes Weib die Verehrung behält, weil sie die Kleider der Göttin trug.

[29] Nikias führte einen Chor des Dionysus auf und einer seiner Sklaven ein schöner, schlanker Mensch stellte verkleidet den Dionysus dar. Als nun die Athener entzückt waren und laut ihren Beifall kund gaben sagte Nikias, es könne der nicht länger Sklave bleiben, der den Gott vorgestellt und dessen Namen getragen und machte ihn frei (Plutarch Nikias cap. 3).

das als Göttin eingezogen war, die „Vernunft" sei, die vom Thron stieg und den Präsidenten küsste. Bei der Erwähnung des Pisistratus hatte Aristoteles zumeist Herodot im Auge — bei der Geschichte seiner Söhne war es Thukydides, den er ergänzt und zu corrigiren sucht. Was er berichtet, kann allein schon Aufschluss über die ganze Tendenz des Büchleins geben — anderseitig enthält es eine neue Wendung des ganzen Ereignisses, durch welches die Tyrannis aufhörte.

Ueber das Attentat des Harmodios und Aristogiton auf die Söhne des Pisistratus gab es eine doppelte Tradition. Die eine herrschte in der Demokratie von Athen vor und ward von ihr geschaffen. Harmodios wird in dieser republikanischen Legende als der Urheber und das Opfer der Athenischen Freiheit dargestellt. Ihn hatte man durch eine Bildsäule zuerst geehrt, und zwar auf dem Kerameikon, dem Metroum gegenüber. Der Preis seines Namens wurde mit Aristogiton bei der jährigen Festversammlung geehrt. Seine Nachkommen hatten Vorrechte und Sklaven durften seinen Namen nicht tragen. Bei Gastmählern pflegte man von ihm Lieder zu singen. Berühmt ist das Skolion eines Kallistratos, dessen erste Strophe heisst:

„Tragen will ich das Schwert versteckt in Myrten,
Wie Harmodios und Aristogiton,
Da sie den Tyrannen trafen zum Tod
Und der Athene Volk wieder zur Freiheit kam" etc.[30]

Aristoteles berichtet davon gar nichts, obschon er doch das Skolion ohne Zweifel kannte und auch sonst andere Skolien citirte.

---

[30] cf. Zell, Ferienschriften 1. 80 und den Artikel in Ephr. und Gruber: Harmodius.

Er widerspricht auch durch seine Erzählung der Tradition, als wenn die Athener durch Harmodios die Freiheit gewonnen hätten. Hippias hat vielmehr noch mehrere Jahre regiert; als die Alkmäoniden allein versuchten, Hippias zu vertreiben, wurden sie jämmerlich geschlagen und hier citirt er das Skolion, das man von der Niederlage bei Leipsydrion bei Gastmahlen sang, — vielmehr, so erzählt er ausdrücklich, hat König Kleomenes von Sparta die Tyrannis aufgehoben, weil die Lakedämonier dauernd Orakelsprüche von Delphi erhielten, die Tyrannis zu bekämpfen. Also nicht die Demokratie, sondern das Königthum, das erbliche und rechtmässige, wie es in Sparta war, hat die Tyrannen entfernt. Die Demokratie hatte nie etwas Aehnliches nöthig in Sparta auszuführen, wenn auch Athen in schweren Zeiten zu Hilfe gerufen ward.

Aber noch mehr. Schon Thucydides hat bestritten, dass man den Hipparch, den ermordeten, für den Tyrannen ausgab, wie erst die Athener irrthümlich annahmen, während Hippias allein die Herrschaft hatte, — aber Aristoteles beweist vielmehr, dass Hipparch **nicht einmal der Schuldige gewesen ist**, obschon er ermordet ward. Pisistratus hatte ausser Hippias und Hipparch noch zwei Söhne von einer Argiverin: Jophon und Hegesistratos mit dem Beinamen Thessalos. **Von diesem** erzählt nun Aristoteles, dass er, obschon viel jünger als die Andern, in seinem Leben dreist (θρασύς) und übermüthig (ὑβριστής, superbus) gewesen, von dem auch der Anfang aller Uebel ausging. Denn er verliebte sich in den Harmodius, und da er mit seiner Liebe abgewiesen ward, konnte er seinen Zorn nicht zügeln und offenbarte seinen Aerger auch in andern Dingen. Thessalus war es auch, der die Schwester des Harmodius als Kranzträgerin beim Feste zurückwies. Hipparch ist also nicht ermordet worden, weil er der Liebhaber des Harmodius sein wollte, sondern weil die Verschworenen, als sie glaubten, dass ihr Vorhaben, an den Söhnen des Pisistratus sich zu rächen, dem Hippias verrathen sei und sie bei dem nicht mehr ankommen würden, den Ersten der Brüder angriffen, den sie gerade trafen, und zwar den Hipparchus. Und weil dieser gerade ermordet war, wurde auf ihn die Tyrannenschaft und die Uebelthat übertragen.

Von Hipparch gingen vielmehr andere Traditionen, wie sie in dem platonischen Dialog seines Namens ausgedrückt sind, wo es heisst: „Hipparchos, welcher von den Söhnen des Pisistratus der älteste war (was Thukydides bestreitet)[31]) und der weiseste, welcher viele andere schöne Denkmale seiner Weisheit zurückgelassen, hat auch des Homeros Gedichte zuerst in dieses Land gebracht und die Rhapsoden genöthigt, an den Panathenaien sie abwechselnd nach der Reihe vorzutragen, wie sie auch jetzt noch thun, auch nach Anakreon dem Tejer ein Schiff mit 50 Rudern sandte, um ihn nach Athen zu holen, den Kier Simonides aber immer um sich hatte und durch grossen Lohn und Geschenke festhielt." Aristoteles, wenn er ihn auch nicht als Ideal von Weisheit und Güte darstellt, wie im Dialog geschieht, so sagt er doch auch von ihm, „dass er heiter, ($παιδιώδης$) liebevoll und musenfreundlich gewesen und Anakreon und Simonides und andere Dichter hat holen lassen" und lässt erkennen, dass die Athenische Freiheit in Folge des Mordes

---

[31]) Thukyd. 1. 20.

eines Unschuldigen und der Hilfe der Fremden entstanden ist.

Aristoteles arbeitet wie ein moderner Gelehrter. Er verschmäht nicht, einzelne Notizen zu gewinnen, aus welchen er Kenntniss und Schlussfolge zieht. So theilt er ein kleines Skolion mit, welches gesungen sei

ἔγχει καὶ Κήδωνι, διάκονε, μηδ' ἐπιλήθου
εἴ χρὴ τοῖς ἀγαθοῖς ἀνδράσιν οἰνοχοεῖν.

Schenke auch ein für den Kedon, Knabe, will nicht vergessen
Guten Männern gebührt voll von Wein der Pokal.

Aristoteles wusste nicht mehr von der Person des Verses, als was darin vorkommt; dass er einen Mann angeht, der gegen die Tyrannen einen Anschlag gemacht, schliesst er nur aus dem ähnlichen Skolion für Harmodios. Dieser Kedon ist ganz unbekannt. Bei Diodor (15. 34) kommt ein Athener des Namens vor, der von dem Lakedämonier Pollis bei Naxos getödtet worden ist, im Jahre 377 v. Chr., wo Chabrias, der Athener, sonst siegte. Dass es dieser sei, ist schwerlich anzunehmen und doch ist es undenkbar, dass ein Mann in Tischgesängen gepriesen sei, von welchem sonst gar nichts berichtet werde. Ich glaube, dass Aristoteles nur Κήδωνι falsch gelesen und einen Freiheitshelden conjecturirt hat — dass aber 'Ἀηδόνι gestanden und das Skolion dem Sokrates gegolten habe, nach jenem berühmten Verse des Euripides vom Palamedes

'Ἐκάνετε, ἐκάνετε τὰν πάνσοφον ὦ Δαναοί
Τὰν οὐδὲν ἀλγύνουσαν ἀηδόνα μουσῶν.

Erschlagen, erschlagen habt ihr Danaer den Allweisen
Die unschuldig leidende Nachtigall der Musen.[32]

---

[32] cf. Philostr. Hervida cap. 11 ed. Olearius p. 718 und den Anmerk. cf. Lasaultx Sokrates. München 1857 p. 52. not.

Keinem, der die Freiheit des Volkes nehmen, sondern ihm eine andere geben wollte, galt das Lied, das zu singen den Athenern noch mehr Ehre gemacht haben will, als irgend ein Anderes.

V.

In der Darstellung, welche Aristoteles auf den Sturz der Tyrannis folgen lässt — giebt er eine präcise Entwickelung der politischen Verhältnisse Athens, in welchem es sich immer mehr zur Demokratie neigte. Er zeigt, wie mit der republikanischen Verfassung nothwendig alle Schwankungen verbunden sind, welche der Ruhe eines Staates schaden müssen. Die Verfassung des Kleisthenes sei schon demokratischer, als die von Solon.[33] Die Herrschaft des Areopag,[34] „nach dem Einfall der Meder" sei zwar siebzehn Jahre die verhältnissmässig beste gewesen, aber sogar Aristeides habe begonnen, Ephialtes es vollendet ihn zu stürzen. Die Einsetzung der vierhundert war für den Staat so wenig heilsam, wie ihre Beseitigung. Schlimm

---

[33] Plutarch (Cimon. 15) äussert sich anders. Er sagt es habe Cimon „Die Aristokratie des Kleisthenes wieder herstellen wollen, (τὴν ἐπὶ Κλεισθένους ἐγείρειν ἀριστοκρατίαν)". Bei Perikles 3 lobt er ihn, dass er eine zur Eintracht und Sicherheit führende Verfassung gegründet hat.

[34] Aristoteles berichtet, dass der Areopag die Mittel aufgebracht habe, um jedem Bürger acht Drachmen einzuhändigen, wenn sie die Schiffe bestiegen — und doch erzählen Andere, dass Themistokles, dem Aristoteles nicht hold ist, durch eine List die ihm sehr zuzutrauen ist, das Geld für diesen Zweck gesammelt hat. Er gab vor die Gorgolarve der Athene, die verloren schien, zu suchen und hätte dabei Geld gefunden, Plut. Th. cap. 10, der dabei Aristoteles auch citirt.

war dann die Tyrannis der Dreissig, und die zehn Männer folgten, und was „bis zur Gegenwart" nachkam, führte Alles zu einer Stärkung der Demokratie.

Er führt das Alles aus mit dem Hinblick auf die Stetigkeit der Monarchie, wie sie in Sparta, aber natürlich zumeist in Makedonien stattfand. Dabei ist nun seine Ansicht über die Seemacht besonders merkwürdig; als wenn er das Schwanken des republikanischen Verfassungskampfes mit dem der Flotte auf dem Meere verglich,[35]) so wiederholt er seine politische Ueberzeugung von dem Zusammenhang einer Seemacht mit der Demokratie. In der Politik (lib. 2 ed. Paris p. 514) sagt er, „das Gesetz über die Flottenführer haben Andere schon getadelt und mit Recht, weil es eine Ursache von Zwistigkeit ist. Denn neben den Königen, als lebenslänglichen Heerführern, steht die Navarchie (die Admirale) fast wie ein zweites Königthum da."

Und weiterhin (lib. II. cap. 9 (12) p. 519) sagt er von den Athenern: „Als nämlich in den Mederkriegen das Volk die Seeherrschaft begründet hatte, wurde es übermüthig und wählte üble (φαύλους) Demagogen." Damit meinte er zuerst, wie aus unserer Abhandlung hervorgeht, (cap. 22) niemand anders als Themistokles,[36]) obschon er mit der Flotte bei

---

[35]) Er berichtet ja, dass Demosthenes von dem Volke gesagt habe (δῆμος) dass es ähnlich den in Schiffen fahrenden sei (τοῖς ἐν τοῖς πλοίοις ναυτιῶσιν) Rhetorik (lib. III, cap. 4, p. 390).

[36]) Dennoch war es gerade Cimon, welcher Themistokles verstand und wie Plutarch berichtet (cap. 5) dass man jetzt der Flotte und tüchtiger Seeleute bedürfe. Im Staat (lib. 5, cap. 3) sagt er, „So schien der Areopag in Folge des Kriegs der Verfassung eine strengere Form gegeben zu haben und wiederum macht das Seevolk, welches die Schlacht bei Salamis gewann" und die Hegemonie durch die Seemacht erobert, die Demokratie stärker (ed. Paris p. 569).

Salamis kämpfte. Es war aus seinen Ideen geschöpft, wenn Plutarch (Themistokles, cap. 19) von dem Sohn des Neokles sagte: dass er, indem er dem ganzen Staate die Richtung nach der See gab, das System der alten Könige gewissermaassen umgekehrt habe. Denn sie, erzählt man, haben in der Absicht, die Bürger dem Meere zu entziehen und statt zum seefahrenden zum ackerbauenden Leben zu gewöhnen, die Sage von Athene verbreitet, wie im Streite um das Land mit Neptun der Oelbaum, den sie den Richtern zeigte, ihr den Sieg gewann. Dagegen hat Themistokles nicht, wie der Komiker Aristophenes sagt, der Stadt den Piräus angeheftet, sondern die Stadt an den Piräus, das Land an den See gehängt, was auch die Macht des Volkes dem Adel gegenüber hob und des Uebermuthes voll machte, indem so an Bootsknechte, Rudermeister und Steuermänner die Gewalt kam."

Dasselbe sagt Aristoteles von Perikles (cap. 27), „dass er die Stadt am meisten zur Seemacht gezogen, daher es geschah, dass das Volk sich im Vertrauen auf diese die ganze Staatsregierung in die Hand nahm." Summarisch fasst er dies (cap. 40) zusammen, wo er bemerkt, dass es die meisten Fehler durch die Demagogen wegen der Seeherrschaft machte! In der That war auch Makedonien keine Seemacht und Alexander der Grosse auch kein Seeheld.

Die Schrift „über die Staatsverfassung der Athener" ist eine Tendenzschrift ersten Ranges: Den Bürgerkrieg, die Schäden, die Attentate der königslosen Verfassung hebt sie hervor. Wer sonst die Geschichte Athens nicht kennte, würde ein sonderbares Bild gerade des Jahrhunderts erhalten, das von der Tyrannenvertreibung bis zum Ausgang des peloponnesischen Krieges verfloss. Allerdings spricht er einmal (cap. 22. ed. Kenyon p. 59) von der gewohnten Milde der Athener,[37]) aber ihres heroischen und geistreichen Charakters, wie er sich gerade in jener Periode nicht selten offenbarte, erwähnt er nicht.

Er berichtet, dass in den Zeiten, wo die Athener vom Areopag gut geleitet wurden, „dass sie auch in diesen Tagen im Kriege wirkten und bei den Hellenen berühmt wurden und auch die Seeherrschaft ergriffen gegen den Willen der Lakedämonier" — aber die grossartigen Opfer, die das Volk brachte, um diese Thaten zu thun, zeichnet er nicht.

Dass Athen grade damals einen Glanz und Geist entwickelte, wie kein anderer Staat des Alterthums, würde aus der Schrift nicht erkannt werden.

Er rühmt zwar Hipparch, der Simonides und Anakreon gerufen, aber von den Dichtern der demokratischen Zeit, von Aeschylus[38]) an, erwähnt er nichts. Er citirt Kleon

---

[37]) Isokrates (Rede gegen den Philippus 46) sagt: „Die Milde ist nicht nur bei Menschen angenehm, sondern auch bei Göttern, daher auch die, welche die Schöpfer des Guten bei uns sind, olympisch genannt werden, die aber, welche über das Unglück und die Strafen gesetzt sind, gehässige Beinamen haben und dass jenen die Privatleute wie Städte, Tempel und Altäre erbauen, diese aber weder in Gebeten noch Opfern ehren, sondern vielmehr sie von uns abzuwehren suchen."

[38]) In der Politik erwähnt er nur den Aristophanes, der in Plato's Symposion vorkommt. Sonst spricht er nur in der Rhetorik (ed. Paris p. 888) und in der Poetik (p. 458) von ihm. Des Aeschylus erwähnt er in der Poetik und der Nikomchichen Ethik. Euripides erscheint ihm als der τραγικώτατος aller Poeten (Poet. cap. 14, p. 467) aber in der Politik erwähnt er ihn nur bei der Ver-

und Kleophon, die Demagogen, aber von Alkibiades[39]) hat er kein Wort. Der Philosoph erwähnt nicht die Philosophen. Aristophanes war nicht blos ein Dichter, sondern auch ein Politiker. Sokrates erscheint zwar in den Wolken, aber doch nicht in dem merkwürdig monarchischen Büchlein. Allerdings bemerkte er, dass die drakonischen Blutgesetze nicht aufgehoben waren, denn an Hinrichtungen fehlt es nicht, von denen er Erwähnung thut (cap. 40); er erwähnt auch, wie die Zehn einen angesehenen Bürger Demaratos (cap. 38) zum Exempel hinrichteten; Plutarch erzählt von den vielen Köpfen, welche die Vierhundert fallen liessen (Alkibiades 26), aber die Hinrichtung des Sokrates hat nicht Bedeutung genug, um erwähnt zu werden!

schwörung gegen den Archelaos; (p. 581) des Sophokles thut er oft Erwähnung aber nicht in der Politik. Er sagt von ihm, dass er die Menschen schildere wie sie sein sollten, aber Euripides wie sie sind (Poetik, cap. 26, p. 479) darum erscheint der praktischen Meinung des Aristoteles — Euripides für tragischer. Er mochte sie alle etwa mehr als literarische wie als politische Personen ansehen. Charakteristisch ist freilich, dass er die Redner nicht erwähnt. Von seinem Standpunkt aus erwähnt er in der Rhetorik II. 24, dass Demades die Staatsauffassung des Demosthenes für den Grund alles Uebels erklärte, weil er der Feind Makedoniens war. Er erwähnt Plato nicht wegen seiner idealen Staatsauffassung aber ich kann nicht finden, dass er jemals vom Tode des Sokrates sprach, obschon dies ein besonders politischer Mord war.

[39]) Auch in der Politik thut er keine Erwähnung von ihm, aber was A. gethan und gelitten hat, scheint ihm ein Gegenstand der Poesie (Poetik cap. 9). Bei einer Untersuchung über Grossherzigkeit ($\mu\epsilon\gamma\alpha\lambda o\psi u\chi i\alpha$) kann man Alkibiades wie Achilles als Vorbild nehmen (Analys. Post. II. 13). Er führt ihn unter denen an, deren Nachkommen ausarteten (Rhetorik II. 15). Er kennt seinen Todesort (Hist. Anim. VI. 30).

Für Perikles[40]) hat er nur tadelnde Worte, er hatte sich einen Namen gemacht, dass er des Cimon Rechenschaftsbericht zum Gegenstand einer Klage machte. Von allen Verdiensten des Perikles um Kunst und Staat, eines Mannes, der allein der Stolz eines Staates werden konnte, hat er kein Wort. Die Staatsmänner der Oligarchie waren ihm sympathischer, zumal Cimon und Nikias und Thucydides (nicht der Geschichtschreiber); von diesem letzten sagt er cap. 28, „dass sie nicht blos durchaus wacker, (καλοὺς κἀγαθούς) sondern auch Staatsmänner, die sich überall vaterländisch gesinnt erwiesen; über den Theramenes, aber ist, weil es seiner Zeit unruhige Staatsverhältnisse waren, ein zwiefaches Urtheil."

„Er erscheint aber Denen, die nicht oberflächlich urtheilen, nicht, wie sie ihn verleumden, als Einer, der jede Staatsverfassung auflöst, sondern er hat Alle gefördert, solange sie in nichts gegen das Gesetz sich vergangen, weil er im Stande war mit Allen politisch auszukommen, was das Werk eines guten Bürgers ist, nur dass er Ungesetzlichkeiten nicht nachgab, sondern ihnen gegenübertrat."

---

[40]) Er ist freilich über Perikles scheinbar genau unterrichtet. Plutarch (Perikles cap. 4) citirt aus Aristoteles, dass Pythoklides ihn in der Musik unterrichtet habe, nicht Damon. Ebenso will Aristoteles wissen, dass Perikles eine Schlacht gegen den Samies Melissus verloren, was aber nach sonstigen Berichten unrichtig ist, da Perikles nicht mehr anwesend war, als Melissus mit den Athenern kämpfte und besiegt wurde als er zurück kam. Wir werden durch Aristoteles Bemerkungen doch das Urtheil über Perikles nicht corrigiren, das aus Thukydides 2. 65, und aus Plutarch feststeht. Er hat die Demokratie nicht vermehrt, denn „da er durch Ansehn und Einsicht mächtig und ganz anerkannt unbestechbar war und mit Freimüthigkeit den grossen Haufen in

Diese Beurtheilung des Mannes scheint mir besonders merkwürdig. Kein Andrer erfreut sich einer solchen und ich glaube, dass der Verfasser sich selbst darin schildert. Aristoteles mochte selbst solche Urtheile um seiner eigenen Politik willen erfahren haben, obschon er gewiss im Stande war, mit jeder Verfassung zu leben. Er erwähnt seiner noch einmal (cap. 32) mit Peisander und Antiphon zusammen „als Männer, welche durch Verstand und Meinung hervorragten". Er erwähnt auch „seiner tapferen Haltung gegen die Dreissig, die ihn auch tödten liessen."

Es war wohl unsere Schrift, welche Plutarch (Nikias 2) benutzte, wo es bei ihm heisst, „dass nach Aristoteles die drei besten Bürger, welche vaterländische Gesinnung und Liebe zum Volke hatten Nikias, Thucydides und Theramenes gewesen waren. Dieser letztere galt weniger als Jene; denn ausser seiner niedern Geburt als Fremdling aus Keos, wird er geschmäht als nicht beständig, sondern wetterwendisch in der Wahl der politischen Parteien, darum er Kothurnos genannt wurde." Es ist eine tiefe politische Frage, die mit der Beurtheilung des Theramenes entsteht. Aristoteles ist

---

Schranken hielt. Er wurde nicht vom Volke geleitet, sondern er war es, der das Volk leitete, weil er nicht durch ungebührliche Mittel zu seiner Macht gelangt war und daher nicht nach Gefallen zu reden brauchte". (Thukyd. 1. 1.) An seiner Voraussicht lag es nicht, wenn! der Peloponnesische Krieg nicht so fortging — wie er begann. Mancher moderne grosse Staatsmann wird nicht sagen können, was er auf dem Todtenbette sprach: „Mich wundert, dass ihr dessen mit Lob gedenket, was theils auf Rechnung des Glückes geht, theils schon vielen Herrschern gelungen ist, aber das Schönste und was die Hauptsache ist, vergesset. Denn kein Athenischer Bürger hat um Meinetwillen ein Trauerkleid angelegt. (Plut. Pericl. cap. 38.)

hier im modernen Geiste selbstständig. In einem so ausgesprochenen Parteistaat wie Athen war das Verhalten des Theramenes, der über den Parteien stehen wollte und die patriotische Pflicht höher stellte, als die Partei, ebenso auffallend und gefährlich wie in unsern Tagen. Der Spott, den der Chor in den „Fröschen" des Aristophanes ausspricht

> So gebührt sich einem Mann,
> Der Verstand und Geist besitzt
> Und viel herumgekommen ist,
> Immer nach der sicheren Seite
> Auf dem Schiffe sich zu rollen;
> Nicht wie ein gemaltes Bild
> Dazustehn in unverrückter
> Haltung — vielmehr sich zu wenden
> Dahin, wo's bequemer ist
> Ziemt wohl einem klugen Mann
> Von Theramenes Talent. (v. 536 etc.)

war in Athen gewöhnliche Meinung. Wir haben bei Xenophon beides, die Anklage des Kritias und die Vertheidigung des Theramenes. Der Rath gab dem Letzteren Recht -- wir würden es auch gethan haben, und nicht blos, weil Kritias der Ankläger war.

Die Klugheit, welche ihm Aristophanes an anderer Stelle vorwirft, war wenigstens auch in neuester Zeit kein Vorwurf. (Frosche 970.)

> Theramenes, ein weiser Mann und zu Allem tüchtig (δεινός),
> Der, wenn in's Unglück er gerieth und mehr in Gefahr war,
> Aus allem Unglück fiel — nicht Chier — weil er Kier.

Das Wortspiel hat unnütz viel Federn bewegt. Der Komiker will sagen — dass der Mann ja nicht ein Chier. sondern ein Kier war. Mit dem ersten Namen war das

Wortspiel des schlechtesten Würfelwurfs verbunden; das geschah ihm nie. So war sein Name nicht, zwar auch verwandt, doch nie wie der, welcher von Unglück zeugt. Aristoteles erwähnt die Witze nicht, auch den nicht, dass er Kothurnos hiess, weil der Theaterschuh auf beide Füsse passt,[41]) Theramenes sagt davon selbst in seiner Vertheidigung von dem Rath: „Er nennt mich Kothurn, weil ich immer in beiderlei Parteien mich zu finden suchte. Ich bekämpfe die, welche meinen, die Volksregierung sei nicht eher gut eingerichtet, bis auch die Sklaven und solche, die aus Armuth den Staat um eine Drachme zu verkaufen suchen, an der Drachme Theil haben dürfen (d. ist Rathsmitglieder werden können) und wiederum bin ich denen entgegen, welche meinen, dass sich keine gut eingerichtete Oligarchie bilden könne, bis sie den Staat dahin bringen, dass er von Wenigen tyrannisch beherrscht werde." (Xenoph. Hellen. lb. II. 3)

Das war die Ansicht auch von Aristoteles: Eigentliche Parteiweisheit war nicht seine Sache. Der Zweck des ganzen Büchleins war wie eine Lehrschrift im Geiste des Theramenes — dass es in der Republik keine eigentliche Freiheit gäbe als in der Partei, und Oligarchen und Volksleute — Conservative und Demokraten -- einander bestreiten mit ihren subjektiven Mitteln und Zwecken, während das Ganze dadurch zu Schaden kommt.

Ihm ist daher das Königthum, wenn es gerecht ist, — und darum schrieb er für Alexander — das Ideale und die

---

[41]) Vgl. Vitae Scriptor. graec. minores ed. Westermann p. 254.

stetige Verfassung[42]). Er sagt in der Politik (III. 9, 14.):
„Wir sagten, dass das Königthum (βασιλεία) die eine der gerechten Verfassungen sei." Er hat dies am Schluss ausgeführt: „dass, wenn der Fall eintritt, dass ein ganzes Geschlecht oder ein Einzelner so sehr sich auszeichnet, dass es über alle Andere hervorragt, dann ist es gerecht, dass dieses Geschlecht königlich sei und unumschränkte Gewalt habe und dieser Eine sei König." Man hat dies und das Folgende schon längst von Aristoteles mit Rücksicht auf Alexander geschrieben geglaubt, aber die ganze Auffassung des Aristoteles geht auf ein vernünftiges Königthum hinaus. Dies Königthum sagt er (ed. Paris. p. 580), ist zum Schutz gegen das Volk für die Guten eingerichtet und der König ist hingestellt, uns zu hüten durch Tugend oder durch die Grösse seiner guten Thaten und durch Vorzug eines solchen Geschlechts" — „denn einem solchen müssen alle freiwillig gehorchen, so dass solche Männer lebenslängliche Könige seien."

In der That musste ihm bei seiner kühlen und vorurtheilsfreien politischen Auffassung das Königthum Alexanders vernünftiger dünken, als die Republik Athens. Er bringt dazu den grossartigen Glanz Athens nicht in Betracht — darum verschweigt er ihn — sondern praktische Kraft des Makedonischen Königs. Allerdings würde es keinen Alexander

---

[42]) Im Staat sagt er (lib. 5. cap. 8. p. 588). „Das Königthum leidet am wenigsten von auswendigen Uebeln, deshalb ist es anch ausdauernd. Die meisten Gefahren kommen von innen, und zwar auf doppelte Weise, einmal durch den Hader im Königshause selbst, dann aber wenn die Könige auf zu tyrannische Weise zu regieren gedenken und Herren sein wollen gegen das Gesetz" etc.

als Eroberer gegeben haben, ohne hellenische Bildung und ohne Marathon — aber die hellenische Literatur würde den Welteinfluss nicht gewonnen haben ohne Alexander. Was in der Demokratie Athens gross geschaffen war, brachte das Königliche Schwert zur Wirkung in der Welt. Wenn auch ein Makedonisches Reich nicht besteht, die griechische Sprache ist doch durch seinen König die Weltsprache geworden. Ihn rief es, das Hellenenthum nach Asien zu bringen. Die Stimme eines Makedoniers rief Paulus mit seiner Lehre nach Europa.

Einige Anmerkungen über Cauer und Swarcz.

Die Kritik von Friedrich Cauer: Hat Aristoteles die Schrift vom Staate der Athener geschrieben? Stuttgart 1891, halte ich nicht für erfolgreich. Es wird kaum ein Satz sein aus dem sie die Unechtheit der Schrift beweisen kann, der nicht in das Gegentheil umschlägt. Val. Rosés Beispiel ist in diesem Fall wohl nicht mit Recht befolgt worden; seine Bemerkungen hängen an auswendigen Merkmalen, die nur dem Wollenden irgend etwas scheinen können. Die tiefere Idee der Abhandlung ist nicht in Betracht gezogen. Es wird von ihm (p. 4) ein Nachdruck darauf gelegt, dass im 2. Buch der Politik am Schluss kurz gesagt wird, dass in Drakons Gesetzgebung wenig Eigenthümliches ausser den Blutgesetzen sei — und in unserer Schrift doch von ihrem Inhalt geredet wird. Daraus soll auf die Unechtheit des einen oder anderen Buches geschlossen werden, aber die Uebereinstimmung ist offenbar, wenn man bedenkt, dass auch in unsrer Schrift, was ja die Hauptsache war, bemerkt wird, dass an der Stellung des Volkes gar nichts geändert ward und die Schuldsklaverei fortdauerte. Um derentwillen hat die Drakonische Gesetzgebung in der bestehenden Verfassung keinen erwähnenswerthen Fortschritt gemacht. Unsere Schrift ist eben etwas genauer, als dies in der Politik sein konnte.

Dasselbe ist auch mit dem ferneren Einwande der Fall, wo in der Politik von der Macht des Volkes geredet wird, zu wählen und zur Rechenschaft zu ziehen (cap. II. 9. ed. Paris p. 549) Τὰς ἀρχὰς αἱρεῖσθαι καὶ εὐθύνειν. Man könnte das αἱρεῖσθαι streichen — aber Aristoteles meint doch nur, was er in unserer Abhandlung deutlicher ausspricht, dass der Areopag nicht mehr in der Lage war, willkürlich die Beamten zu wählen. Was er aber vom εὐθύνειν spricht und dass es nun dadurch Herr und kein Sklave mehr sei, das drückt unsere Abhandlung ganz deutlich aus, wenn sie zumal betont, dass es das Gemeindegericht sei, was das Volk zum Herrn gemacht hat. Von einem Widerspruch ist gar keine Rede. Cauer wiederholt auch die längst beobachtete Bemerkung von den beiden Trieren Paralos und Ammonias. Schon Böckh (Staatshaushalt der Athener I. 340) hat bemerkt, dass in den vorhandenen Seeurkunden die Ammonis oder Ammonias fehlt, während eine Salaminia vorkommt. Aber was soll das bedeuten! die Schiffe hatten alle ihre Namen und auch Doppelnamen. Ammonis bedeutete soviel wie Lybisch. Boeckh hat längst nachgewiesen, dass ein Verkehr nach Lybien und eine Verehrung des Ammon viele Zeit vor Alexander bestanden hat (Staatshaush. II. 132.) Der Namen der Ammonis braucht nicht erst in Alexanders Zeit aufgekommen zu sein. Neben Paralos, was etwa des Küstenschiff bedeutet, bestand Ammonis als das Schiff nach Lybien, wenn auch der Beruf gewiss ein wechselseitiger war. In dem Namen der Schiffe selbt spiegelt sich ein Stück Geschichte. Vgl. Heitz, in den Fragm. des Aristoteles (Paris 1869) p. 242 etc.

Tiefer liegen die Irrthümer, in welchen Cauer den Verfasser der neu entdeckten Schrift anklagt, nicht vollständig zu sein. Er macht ihm Vorwürfe, so Vieles nicht von Solon mitzutheilen, was wir doch aus anderen Quellen kennen. Aber Aristoteles hat in der Abhandlung eben gar keine Absicht, ein Compendium und Urkundenbuch zu geben. Es sind bestimmte Gesichtspunkte, die er tendentiös durchführt; es ist der eine Gedanke, von dem wir oben sprachen, den er im Kleinen und Grossen durchführt. „Albernes", „Unnützes" ist gar nicht darinnen. Es ist überall Aristoteles, der schreibt, auch in der kleinsten Bemerkung. Es ist nicht geschickt, zu sagen, es habe A. nur „sehr flüchtig" Kenntniss genommen von Solon's Gesetzen, weil er nicht Alles berichtet; — er gab, und das mit Nachdruck, was die ganze Tendenz seiner Abhandlung verlangte, die eigentlich nur eine Einleitung war. Es missfällt uns, von „Anekdoten" zu reden, wo die eingestreuten Einzelgeschichten ein besonderes Licht auf die Entwicklung der ganzen Idee werfen sollen. Es ist auch seltsam, wenn er von der Schrift nur „Neues" verlangt, weil er aus andern, meist späteren Quellen noch Anderes weiss — aber sie war Neues genug für die späteren Autoren, die ja aus ihr geschöpft haben.

Cauer sagt (p. 23), „die Anekdoten nehmen unstreitig einen grösseren Raum ein als ihnen in einer Verfassungsgeschichte zukommt" — aber erstens ist eine Verfassungsgeschichte im modernen

Sinne gar nicht beabsichtigt, sondern ein Ueberblick über den Weg, den die demokratische Verfassung bis in des Verfassers Zeit gemacht hat. Wir haben schon oben einige sogenannte „Anekdoten" angesehen. Mehrfach liegt daran, die Stimmung der verschiedenen Parteien zu zeichnen. Nicht vom Historiker gilt es, wenn er von unlautrer Meinung über das Verhältniss von Pisistratus und Solons erzählt. Dem politischen Geschwätz ist auch ein Charakter wie Solon nicht unbetastet; es ist charakteristisch für das Volksleben alter und neuer Zeit, dass von Vertrauten des Solon das beabsichtigte Gesetz der Seisachtheia zur Spekulation benutzt worden sei, als wenn man Staatsmännern und ihren Freunden nicht auch in neuerer Zeit Börsenspekulationen vorgeworfen hätte. Es ist auch die Frage, ob sie ersonnen ist. Wenigstens wird das Cauer nicht beweisen. Die böse Zunge in der politischen Welt verschont Niemand; man kann sie nicht billigen aber eine historische Thatsache ist die Zunge selbst, wenn auch nicht das was sie spricht.

Dass die Stelle bedenklich ist, in welcher in unserer Abhandlung von Themistokles und Ephialtes geredet wird (cap. 25) und dass sie sich nicht durch Kenyons Betrachtung völlig lösen lässt, ist zugegeben. Dass deswegen das Büchlein unecht sein soll — kann man nicht einsehen. Ein Büchlein kann Irrthümer haben und doch echt sein. Ich vermuthe auch, dass hier ein Irrthum des Aristoteles stattfand, indem er Themistokles mit Perikles verwechselt fand. Dass dies der Fall gewesen sein möchte, schliesse ich aus Folgendem. Ephialtes flüchtete an den Altar als er die Areopagiten kommen sah — dass Perikles mitkam, war seine Warnung —; aber weil er mitkam, entstand das Gerücht, wie es der alte Schriftsteller Idomeneus mittheilt: dass Perikles den Ephialtes hätte ermorden lassen, wie wir von Plutarch (Perikles cap. 10) hören. In der That wurde dieser hernach durch den Aristodikus im Auftrage der Genossen des Areopag wirklich getödtet. In dem Skolion zu Aeschines und Isocrates wird wie es scheint auf dieselbe Geschichte hingedeutet. Von Perikles wird geredet und die Abhandlung des Aristoteles citirt aber Mustoxydes in seiner Sylloge Hellenischer Anekdoten Venet. 1816. cf. Heitz frag. Aristot. p. 232, hat fälschlich Perikles in Themistokles corrigirt. Ich würde ein neues Büchlein schreiben, wenn ich die Arbeit von Cauer begleiten wollte. Er geht von einer falschen Voraussetzung aus und will zur Unechtheit gelangen, statt in ruhiger Objektivität das Buch aus sich selbst zu erkennen. —
Noch auffälliger ist die Meinung des Herausgebers der „Demo-

kratie", Julius Swaroz, wie er sie in einem Nachtrag zum ersten Theil derselben ausgesprochen hat. Er sieht keinen Grund zu einer solchen Annahme, dass die von Kenyon herausgegebene Schrift die des Aristoteles sei. „Man deutet auf den Umstand hin, dass 55 Fragmente einer von Plutarchos, Pollux, Harpokration und Sopatros (bei Photius) mit dem von Mr. Kenyon herausgegebenen Texte „klappen". Er glaubt, es sei das nicht der Fall. Er führt einige Stellen an, von denen er behauptet, „dass nur einseitige Philologen eine Coincidenz finden können." „Sollte denn kein anderer Grieche auf der Oberfläche des Planeten sein, der über die Verfassungsgeschichte hätte schreiben können. Was haben denn Theophrast und Demetrius von Phaleron verbrochen, dass man ihre Namen anlässlich dieses Fundes ganz und gar zu verschweigen sucht."

Ich möchte ihn zuerst fragen: Was hat denn Aristoteles verbrochen, dass ihn Swarcz durchaus zurückzudrängen sucht.

Was er selbst bemerkt, kann doch nicht dazu ausreichen.

Zuerst sind von den 93 Fragmenten (nicht 55), die Heitz gesammelt hat und in welchen Aristoteles citirt wird, die meisten in der That in dem englischen Fund zu erkennen; fast die Hälfte der Fragmente (n. 5, 8, 9, 10, 19, 21, 30, 31, 34, 37, 41, 42, 43, 46—50, 51, 52, 54, 56, 57, 58, 59, 60, 63, 64, 66, 68, 69, 70, 71—74, 76—78, 87—91) sind von Harpokration aus des Aristoteles „'Αθηναίων πολιτεία" citirt und finden sich bald wörtlich, bald inhaltlich genau in dem Funde wieder.

Die n. 79, 82, 83 haben sicher ihren Platz in dem verstümmelten Schluss des Msc. gefunden. N. 79, wo es heisst: „ὁ δὲ λαβὼν τὴν βακτηρίαν βαδίζει εἰς δὲ καστήριον τὸ ὁμόχροον lässt sich noch deutlich in den zersprengten Worten (Kenyon p. 163) erkennen: βακ(τηρίαν) (ὁ μόχρων etc.

Ich hebe diese Stellen zumal hervor, weil dabei ausdrücklich „die Staatsverfassung der Athener" citirt wird. Man kann mit Bestimmtheit jede Stelle, die Harpokration citirt, im Kenyon wiederfinden. Es klappt überall. Das ist auch in den andern Fragmenten der Fall, wo zumal die Schrift selbst citirt wird. Warum soll man denn an Theophrast denken, der doch nicht citirt wird! Man könnte auch bezweifeln, ob die von Harpokration, Plutarch und sonst citirte Schrift von Aristoteles diesem zugehört; es ist dies geschehen, weil man eben die Licenz, Alles zu bezweifeln, etwas weit ausdehnt; — aber dass die Citate des Harpokration dieselbe Handschrift meinen, wie sie Kenyon herausgab, ist nicht zu bezweifeln. H. muss doch auch eine solche vor sich gehabt haben.

Die sogenannten Widersprüche, welche wie Cauer auch Swarcz äussert sind überall nichtig. In der Stelle des Athenaus (lib. VI.

p. 285 c.), welche das 93. Fragment darstellt, haben neuere Autoren statt „Μεθωναίων" gelesen „ἐν 'Αθηναίων πολιτείᾳ", was irrig und unnöthig ist, denn es ist wahrscheinlicher, dass ein Μεθωναίων in ein 'Αθηναίων sich verwandelt hätte, als umgekehrt.

In der Stelle des Skolions zu Aristoph. Wespen v. 503 (fragm. n. 18) wird nach Aristoteles (ohne weitere Bezeichnung) gesagt, es habe die Herrschaft der Pisistratiden 41 Jahre gedauert (τεσσαράκοντα καὶ ἕν); es ist das aus unserer Schrift; nur muss statt ἕν gelesen werden ἐννέα neun. Denn sie zählt 49 Jahre. — Ich weiss nicht wie Swarcz sagen kann, dass es im Citat von Plutarch cap. 25 nicht mit dem neuen Text cap. 41 klappt. Dort heisst es „μίκρον παρεγκλίνουσα τῆς βασιλικῆς" und bei Plutarch „πρῶτος δὲ ἀπέκλινε πρὸς τὸν ὄχλον" wobei noch zu bemerken, dass die eigentliche Stelle über Theseus in der Handschrift fehlt und die Worte in cap. 41 aus einer kurzen Recapitulation sind. Wenn Harpokratios von den Τρίττυες spricht, so giebt er nur inhaltlich an, was Aristoteles sagt und es klappt dies mit unserem Text sowohl p. 23 u. 55. — Was Plutarch (cap. 4) von Pythokleides als Lehrer des Perikles aus Aristoteles citirt, hat er doch nicht der „Staatsverfassung" zugeschrieben. Dort wird überhaupt nichts von seinem Lehrer gesagt.

Ebenso schwach ist der Widerspruch von Swarcz in Bezug auf die Stelle von Harpocration citirt (fragm. 82), denn sie stand offenbar in der Stelle des Msc. das heut verloren ist; man könnte sie noch in einzelnen bruchstücklichen Worten (p. 109) angedeutet finden, so gut wie die Fr. 83, 84, τετρυπημένη auf derselben Seite des Manuscripts.

Den falschen Schluss aus dem Namen der Schiffe habe ich schon erwähnt; Swarcz geht dabei nicht so gründlich ein, wie Cauer; dass Aristoteles Ammonias hat, ist gar kein Beweis für irgend eine Zeitangabe.

Ich mag für jetzt nicht auf eine weitere Aufzählung der kritischen Stellen des Autors; ich weiss nicht ob er Recht hat, dass seine Auffassung, wie er sie in seinem Buche gab durch den neuen Aristoteles kaum Abbruch erleidet, wir überlassen es einer ferneren Gelegenheit — aber dass seine Kritik die Autorität des neuen Textes nicht zum Abbruch bringt, ist mir doch wahrscheinlich. Einige Unbefangenheit kann er mir schon zutrauen. Das erste Requisit der Kritik ist eben keine Voreingenommenheit und keine Lust das zu finden oder nicht zu finden, wie man es gern haben möchte.